Stop Prescription.

Ou la perpétuité des victimes de pédocriminels.

Séverine Mayer.

www.severinemayer.com

Déjà paru : La Parole, aux éditions Edilivre/Aparis, novembre 2013

Introduction.

Lorsque j'ai écrit « La Parole », je n'avais pas d'autre objectif que de libérer ma parole et de réaliser une analyse de ce que j'ai vécu, autant pour comprendre moi-même que pour expliquer à d'autres.

Ce livre n'était « que » mon histoire, une histoire que je pensais « extraordinaire » dans le sens où j'espérais que personne jamais n'avais subi ou ne subirait les violences auxquelles j'ai dû faire face. C'était donc un livre personnel, une analyse, une main tendue aussi pour celles et ceux qui, concernés de près ou de loin avaient besoin d'aide.

Les témoignages qui ont suivis la sortie de ce livre m'ont révélés une première chose : mes mots permettaient à d'autres de se reconnaître, de parler à leur tour ou en tout cas de ne plus se sentir monstrueux. Une seconde chose : je n'étais donc pas un cas particulier, aussi immondes que soient les actes que j'ai subis, en réalité, il y a des milliers de personnes qui ont traversé le même enfer. Certains en sont morts.

Un jour, en regardant ma fille qui venait d'avoir cinq ans, j'ai réalisé toute l'infamie, toute la monstruosité dont il faut être capable pour oser infliger une fellation et des pénétrations anales à un(e) enfant de cet âge. J'ai réalisé que j'étais à peu près comme ma fille, quand le calvaire a commencé, plus vraiment un bébé, mais incapable de pouvoir me défendre devant l'abject. Je n'avais pas cinq ans lorsque que le pédocriminel qui est devenu, par la force des choses, celui que j'appelais « papa », m'a mutilée de ma propre vie, m'a amputée de ma propre famille, de mon avenir, de tout ce que j'aurais pu devenir si seulement j'avais pu avoir une enfance « normale ».

Je viens d'avoir quarante-cinq ans. Vue de l'extérieur, j'ai l'air d'une femme normale. A l'intérieur, je suis toujours mutilée, meurtrie au plus profond. Je souffre psychologiquement, de cauchemars, de phobies, d'angoisses récurrentes, d'un rapport malsain avec la mort que j'ai l'impression de porter en moi depuis qu'un monstre m'a assassinée dans la salle de bain de ce qui était supposé être mon foyer, là où je devais être en sécurité. Je souffre également, de problèmes physiques, directement ou indirectement liés à ces violences : douleurs articulaires et/ou musculaires aigues, troubles du sommeil, manque d'appétit, maux de tête, troubles du rythme cardiaque,...

Je souffre surtout de maux méconnus du public, de maux invisibles, véritables séquelles neurologiques des tortures qui m'ont été infligées : troubles de dissociation, crises de dépersonnalisation, crises de déréalisation, syndrome dépressif majeur, crises de panique...

Tout cela ne serait rien si cela n'avait pas une incidence directe sur ma qualité de vie et donc sur celle de ma famille : mon mari et mes enfants.

Tout cela ne serait rien si je savais que je pourrais éventuellement en guérir.

Tout cela ne serait rien si je n'avais pas découvert que nous sommes des milliers de victimes de pédocriminels à souffrir en silence, seules, sans aucune reconnaissance ni de notre statut ni des conséquences de ces actes de barbarie sur notre vie entière. Tout cela ne serait rien si la justice avait la dignité de reconnaître que ces actes sont d'une gravité sans pareille et que donc, ils doivent être à la fois punis en conséquence et ne faire l'objet d'aucune prescription.

Parce que, pour les victimes et leurs proches : il n'existe aucune prescription à la douleur. La Vie qui nous a été ôtée ne nous sera jamais rendue, quand je dis la vie, je parle de l'enfance, l'adolescence, la santé, les rêves, les projets, les études, le métier, les amis, les espoirs, la dignité, l'innocence, les possibles et la vie de famille qui nous ont été volés. Nous sommes les fruits de violences, de mensonges, de déni, de culpabilité, de doutes, de souffrances, de manques, de solitude, de colère, de désespoir... Nous avons dû construire une vie sur des ruines de nous-mêmes, nous avons dû rassembler les morceaux de nous, éparpillés, et les reconstituer en un puzzle qui nous ressemble mais qui n'est pas ce pour quoi nous étions nés. Car aucun enfant ne nait pour devenir une viande à viol, un sextoy, un objet.

C'est pourquoi j'ai décidé de m'engager afin de faire changer la loi concernant le délai de prescription des actes pédocriminels. J'ai lancé en décembre 2015 une pétition qui comptabilise près de 119 000 signatures aujourd'hui. Beaucoup ? Rien en réalité, rien de suffisant pour que ceux qui décident des lois s'emparent du sujet et acceptent l'idée que la pédocriminalité est un poison qui nuit autant aux victimes qu'à la société. Rien, quand l'on considère que certaines études mettent en avant le nombre de 125 000 enfants qui seraient victimes de violences sexuelles chaque année en France.

Mais en cherchant à faire retirer le délai de prescription, je souhaite également interpeller sur le regard que porte la société sur les victimes, sur ce sujet tabou qu'est « la pédophilie », et sur les conséquences réelles de ces agressions sur la vie de ceux qui survivent.

Il paraît que je sais un peu écrire, assez pour que les lecteurs comprennent le message que je veux faire passer. Dans la mesure où les médias ne se précipitent pas sur les victimes pour récolter leurs témoignages et dénoncer les faits, je décide tout naturellement d'écrire un texte qui, je l'espère de toutes mes forces, sera largement diffusé et surtout massivement compris.

Si pour « La Parole » j'avais délibérément choisi la pudeur et l'évocation plutôt que le récit, cette fois je vais y aller franchement, pour qu'il n'y ait plus d'équivoque : violer un enfant est un acte barbare.

Je vais te tutoyer, toi, lecteur, car je te veux proche de moi, je veux m'adresser à toi comme à un ami, une personne qui serait concernée. Je veux que tu touches du doigt les cicatrices que je porte, que tu regardes avec mes yeux, que tu ressentes avec mon cœur, que tu redoutes avec mes nerfs, que tu dormes avec mes cauchemars, que tu te lèves avec ma nausée et que tu espères avec toutes mes forces. Je veux que tu aimes la vie comme je l'aime et que tu craignes la mort comme je la vois me tendre les bras, depuis toujours.

Je vais te parler crûment, avec des mots explicites, parce que je veux que tu n'aies aucun doute sur les faits dont il est question.

Je te tutoie, et je veux que tu ne voies en moi que ce que je suis, un témoin, la plume de toutes ces mains liées qui supplient qu'on les aide, la bouche de tous ceux emmurés dans le silence qui espèrent qu'un jour, tu ouvriras la porte pour leur rendre justice.

Je te supplie à mon tour de ne pas refermer ce livre parce que « c'est trop dur ». Parce que justement... C'est trop dur, et qu'il faut que cela cesse.

—————

Pédophilie ? Non, pédocriminalité.

Il est grand temps de faire la lumière sur ce qu'est la pédophilie, et marquer cette différence, infime sur papier mais immense dans les faits, avec la pédocriminalité.

La définition de la pédophilie d'abord, et son étymologie : du grec « païs » enfant, et « philia » amitié. Un pédophile, dans le sens étymologique, serait donc une personne qui aime les enfants, qui a de l'amitié pour les enfants. La notion d'attirance sexuelle est apparue eu fil des siècles, concernant des enfants d'âge pré-pubères. En fait, lorsqu'il s'agit de sexualité c'est plutôt le mot « pédérastie » qui devrait être utilisé, son étymologie étant « païs » enfant, et « eros » amour sexuel.

Mais l'un ou l'autre de ces mots... Peu importe, en réalité, ils ne sont pas adaptés. Ni l'un, ni l'autre. Evidemment, expliqués comme ça, le mot pédophile semble n'être qu'une déviance pas bien méchante, on imagine un grand gaillard de 40 balais pas fini de cuire qui aime faire mumuse avec des gosses de 8 ans parce qu'il se sent dans son élément... Ce ne serait donc pas si grave. Et puis, il y a des enfants qui jouent à « touche-pipi », ils n'en meurent pas...

Le hic, c'est que c'est très loin de se rapprocher de la réalité. Car il ne s'agit pas d'actes d'amour, ni d'amitié. Il n'est pas question non plus de jeux ou de pratiques sexuelles. Il s'agit d'agressions, de violence.

La pédophilie telle qu'on en parle dans l'actualité n'a rien à voir avec le mot dont il est question.

Non, je ne te parle pas de poursuivre des personnes qui auraient eu un sentiment amoureux pour des enfants et l'auraient « peut-être » exprimé maladroitement par des caresses déplacées.

Il s'agit de pédocriminalité. De crimes.

Et les mots font toute la différence. Le problème, c'est que la notion de « pédophilie » n'existe pas au regard de la loi, elle n'existe que médicalement. Le mot « pédocriminel » lui n'existe pas, sauf dans le vocabulaire de quelques associatifs ou médecins.

La plupart des législations du monde condamnent comme un délit (voire un crime) les relations sexuelles avec un mineur civil n'ayant pas l'âge de la majorité sexuelle (qui varie de 12 à 21 ans, et en Europe de 13 à 18 ans). Les relations entre mineurs, ou entre mineurs proches en âge et/ou maturité, ne sont en général pas concernées, ou sont tolérées. En France, la majorité sexuelle est fixée à 15 ans. Il y a donc toujours des personnes pour laisser supposer que, à partir de 15 ans, la victime l'a sans doute un peu cherché, ou était consentante. Pourtant, dans les faits, c'est rarement le cas.

Alors, de quoi est-ce que je te parle ?

La plupart des témoignages que j'ai reçus parle d'agressions sexuelles avec ou sans pénétration bien avant l'âge de 10 ans (souvent même bien avant 5 ans...).

« Agression sexuelle sans pénétration » ? Tu vas me dire que ce n'est pas vraiment un viol, et du coup ce serait déjà moins grave. Des enfants contraints à des caresses, des fellations, des actes écœurants, que souvent ils ont vécu dans la stupeur car ils ne comprenaient pas ce qui leur arrivait. Ils ressentaient par contre un malaise, une douleur, une peur. Tu t'imagines, à cinq ans, être contraint d'ouvrir la bouche devant un sexe d'homme ? Tu imagine ton môme, le tien à toi, tu sais celui qui est sacré et pour qui tu donnerais ta vie ? Tu imagines qu'un salopard force ton enfant à « le sucer » tirant son visage d'ange vers ses couilles puantes.... Non, tu ne peux pas. C'est abject, inconcevable, c'est monstrueux, c'est inhumain. Et là, tu commences peut-être à comprendre que je n'ai pas du tout envie d'utiliser de filtre. Je vais te les dire, les choses que personne n'ose croire possible.

Parfois, lorsque ce n'est arrivé « que » quelques fois de manière espacée, la mémoire a « bloqué » ces souvenir, qui ont rejaillis des années, voire des décennies après les faits. Tu as construit ta vie, en faisant comme si rien n'avait jamais eu lieu. Jusqu'au jour où... Un matin alors que tu te sers un café en regardant les actus à la télé, tu te prends une gifle, et tu te souviens. Un truc glauque, t'oses pas y croire. Souvent à l'occasion d'un choc émotionnel, une grosse fatigue. Peut-être que depuis longtemps tu ressentais un malaise en présence de l'oncle machin, tu ne sais plus, mais tu le ressentais qu'il était malsain, dangereux.

Peut-être que tu vas ouvrir les yeux un jour, et tout à coup, tu te souviendras de ses mains à ton entre-jambes, de son odeur, de sa voix quand il t'a demandé de ne pas bouger, de ne rien dire. Et là, tu auras envie de vomir, tu auras honte, tu te demanderas si tu te souviens vraiment ou si tu es complètement dingue. Tu te demanderas comment ça a pu arriver, si tes frères, sœurs, cousins... S'ils ont aussi vécu ça, ou si tu es seul(e). Tu commenceras à avoir des doutes, de la colère, tu ne penseras plus qu'à ça. Et ça polluera tes nuits. Tu manqueras de sommeil, tu deviendras irritable, les autres te regarderont de travers, et commenceront à te faire sentir que « tu déconnes », que tu as changé... Tu voudras leur expliquer, mais dans le doute... Et puis la honte... Tu essaieras quand même, et alors là... On te regardera comme un monstre, une ordure. Comment tu peux oser dire des choses pareilles espèce d'enfoiré, pense un peu à la famille, tu veux foutre la honte à tout le monde ? Alors tu te tairas. Tu diras plus rien, tu partiras loin, ou tu deviendras dépressif, tu te drogueras pour oublier, ou tu te balanceras sous les rails du métro.

La plupart des témoignages donc, parlent bien d'actes violents, choquants, vécus douloureusement. Des actes qui n'ont aucun sens pour un enfant, sur lesquels il ne peut poser de mots. Des actes qu'il tente d'enfouir loin dans son inconscient, parce que c'est un enfant, et qu'il a un instinct de survie étonnant. Mais des actes si choquants que même 40 ans après, parfois, comme ça, et bien ça ruine des vies.

Mais tu vois, ce n'est pas tout. On dépasse souvent ce stade de « caresses »… Et là, je te parle de véritables viols (avec pénétration donc, pour des tas de gens qui imaginent qu'une fellation ne serait pas « vraiment » un viol !), de violences psychologiques associées, de menaces, de chantage… De coups. On parle bien de crimes. Répétés la plupart du temps.

Comme beaucoup de gens, tu te dis que ce n'est pas physiquement possible… Violer un enfant de 5 ans, parfois moins… Quelqu'un m'a dit « arrêtez vos conneries, ça ne passe pas ! Un sexe d'homme ne passe pas dans le vagin d'une petite fille, ce n'est pas possible ou alors elle meurt ! ». Figure-toi que ces salopards de pédocriminels savent y faire. Ils se masturbent tout en introduisant un doigt dans l'anus ou le vagin de leur victime. Et puis ils ont de l'imagination, ils détournent les objets de leur vocation première, un stylo, un marqueur, peut ainsi devenir le prolongement de leur phallus. Un légume ou une Knacki aussi, ça fait l'affaire.

Moi j'ai eu droit à des tas d'objets. Jusqu'au manche de la brosse à chiottes. Tu te sens mal là ? Normal, c'est vraiment dégueulasse. Tu ferais quoi si tu te retrouvais dans le corps d'un môme et que tu te sentes déchiré, tu crierais « non » ? Tu dirais « non » ? Sauf que… Le monstre t'a probablement emmené loin à l'écart de ceux qui peuvent entendre, ou il t'a posé un oreiller sur le visage pour étouffer tes cris… Juste avant il t'a peut-être chuchoté « ne crie pas, tu verras, après ça fait du bien, il faut que ça passe comme un gros caca et ensuite, tu verras, ça fait du bien »… Mais ça fait pas du bien, ça fait seulement mal, tu ne veux pas, tu as peur, tu ne comprends rien… Il a dit « ne fait pas de bruit, tu vas réveiller ton petit frère »… Il a dit « fais ce que je dis ou je tue ta maman »… Il a dit « si tu ne fais pas ce que je te dis, je te tue »… Il a dit « c'est normal, toutes les petit(e)s filles/garçons aiment ça »… Il a dit « laisse-toi faire, c'est parce que je t'aime »… Et tu es là, souillé(e), plein de larmes, mal au ventre, du sang qui coule sur ta jambe, et tu ne sais plus rien. Tu veux juste que ça s'arrête, tu veux avoir la paix. Tu veux plus avoir mal.

Quand c'est fini, tu t'isoles, tu tentes d'oublier, tu n'y arrives pas, tu as mal, démangeaisons, sensations de brulures. Tu ne comprends pas ce qui s'est passé, alors tu essaies d'attirer l'attention sur toi, pour que ta mère comprenne que tu as un problème. Tu te pisses dessus, ou tu vomis, ou tu démembres une poupée de ta sœur, ou tu te mets à crier sans raison apparente... Mais personne ne comprend, ne voit que tu appelles « au-secours ». Par contre, tu te fais disputer, parce que ce que tu viens de faire, c'est mal... Et tiens, par-dessus le marché, ta mère demande au monstre de te sanctionner...

Parce que si ça se trouve... C'est ton père, ton beau-père, ton grand-père, ton oncle, ou peut-être même ton grand frère... Et là tu te sens humilié, encore, abandonné et seul.

Non, ces adultes qui ont commis ces crimes ne sont pas « pédophiles », ils ne sont pas amis des enfants, ce sont des pédocriminels. Ce sont juste des putains de criminels barbares et inhumains.

Ces horreurs là, ce sont des crimes, et personne ne devrait jamais avoir à subir de tels chocs, de tels traumatismes. Le problème, c'est que ça arrive, tous les jours, peut-être là, en ce moment, juste à côté de chez toi... 125 000 enfants par an, rien qu'en France... Une hécatombe. Des petites vies piétinées, réduites à de la poussière. Des mômes tellement abimés qu'ils ne sont plus que des coquilles vides, des ombres d'eux-mêmes.

Pendant ce temps là, les agresseurs, eux, vont plutôt bien. Ils sont n'importe où, ils sont n'importe qui : un parent, un voisin, un enseignant, un entraîneur sportif, un ami de la famille, un prêtre, un passant... Ce dernier, souvent, agira sur un coup de tête, qui le poussera à étrangler le môme qu'il vient de violer ou à lui défoncer le crâne, peu importe, il finira de le réduire à néant. Et comme l'enfant sera mort, les gens comme toi rendront hommage à la petite victime, ils feront une marche blanche... Et rentrés chez eux, ils continueront d'ignorer que 125 000 enfants sont agressés chaque année en France. Mais ces mômes là ont l'indélicatesse de ne pas crever. Alors vois-tu, pour eux, pas de marche blanche, pas d'hommage. D'ailleurs qui sont-ils ? Où sont-ils ?

On ne sait pas. Et puis on ne veut pas savoir.

Par contre, on veut savoir que les « pédophiles » vont être punis, enfermés, castrés, guillotinés, pendus, étripés... On ne fait rien concrètement pour que ça arrive, à part le dire quand un enfant meurt.

La prescription permet aux pédocriminels de dormir tranquilles, parce que la plupart du temps, ils ont bien compris qu'ils ont bien fait leur « truc ». Ils savent que tu es démoli, instable et que, même si tu parles, un jour, bah on ne te croira pas. On dira que tu es cinglé, malade, méchant... Que tu veux faire du mal, tu veux nuire à un individu qui a tellement fait pour toi... Parce que ces mecs là, souvent, sont des manipulateurs, pervers narcissiques. Ils ont construit leur mythe, ils sont des gens biens, parfois excessifs, mais tellement généreux, tellement bienveillants, accueillants... Toi, tu sais, tu vois ses manières de faire avec les autres, tu vois comment il les manipule, les attire vers lui. Tu vois d'autres enfants tomber dans ses filets, parfois même, pour avoir la paix, tu l'aides lui, le salopard, à avoir ce qu'il veut, tu lui amènes, des proies faciles, des mômes de ton voisinage ou de ta famille, et tu fermes les yeux. Tu espères de toutes tes forces qu'il te laissera en paix s'il a quelqu'un d'autre à faire souffrir... Mais tu rêves ! Tu es SA chose. Tu la fermes, tu subis, tu dis merci et surtout, tu t'excuses d'avoir pleuré ou dit non, tu « ne sais pas ce qui t'as pris » de te plaindre...

Pédocriminels... Voilà de quoi je te parle, de personnes qui commettent des crimes sur des enfants. D'individus qui ont conscience de ce qu'ils font, qui y prennent plaisir, qui recommencent aussi souvent qu'ils le peuvent. Ce sont des violeurs d'enfants, voilà ce qu'ils sont.

Alors pourquoi leur accorder la prescription ? Il parait que la loi est ainsi faite dans le but d'apaiser les esprits, pour que les coupables sachent qu'à partir d'un certain délai, ils n'ont plus à craindre la justice.

Le délai concernant le viol sur mineur... 20 ans après la majorité.

20 ans... Ils peuvent dormir tranquilles les pédocriminels, ils savent... Ils ont la loi de leur côté. Parce que les victimes sont tellement massacrées psychologiquement, que, soit elles se suicideront, soit elles mèneront une vie enfermée dans le silence et la honte, mais quoiqu'il en soit, elles sont dépressives chroniques... Qui va croire une personne dépressive ? Une personne tellement « folle » qu'elle a même tenté le suicide. Tellement folle qu'elle pique parfois des crises de nerfs a priori sans raison. Tellement folle qu'elle est instable, ne sait pas garder un conjoint, un travail, ou même ses enfants...

Alors il dort tranquille le violeur d'enfants multirécidiviste. Il sait, que dans le pire des cas, si sa victime parle, ce sera trop tard, il n'y aura pas de preuves matérielles, pas de témoin, et surtout, que tout le monde préfèrera considérer que si la victime porte plainte, c'est parce que, dépressive et instable, elle veut emmerder le monde pour attirer l'attention. Dans le meilleur des cas, le violeur prendra quelques années avec sursis... Et il se fera plaindre par ceux de sa famille qui pensent qu'il est la victime d'un(e) malade qui a détruit la famille pour rien, pour faire parler, pour exister...

Oui, c'est toujours plus facile de voir la partie visible de l'iceberg. Ce que tout le monde devrait se demander, c'est pourquoi une personne peut être dépressive depuis toujours. Qu'est-ce qui a bien pu arriver, pour faire d'un enfant presque idéal, cet ado turbulent, cet adulte instable...

Et puis, si jamais les faits sont « reconnus », il sera toujours possible de prétendre que la victime l'a cherché. Parce que c'est comme ça, une victime est coupable de l'être. Il y a toujours des gens pour imaginer que ça n'arrive qu'aux autres parce qu'ils le veulent bien, parce que c'est facile de crier, de dénoncer, de porter plainte. En théorie, tout est toujours tellement facile. Mais la théorie, c'est loin, tu vois, je ne connais pas la théorie, je ne connais que la vie.

Et dans la vie, on trouve toujours des circonstances atténuantes, aux pires individus. On va même jusqu'à dire des pédocriminels que s'ils en sont là, c'est qu'ils ont eu une enfance difficile. Alors tu comprends, ce n'est pas vraiment de leur faute, donc il ne faut pas être trop durs.

Une dame m'a même dit que l'on ne devrait pas espérer faire supprimer le délai de prescription, parce que ce n'est pas juste de porter plainte contre quelqu'un qui aurait violé un enfant trente ans avant... Parce que dans la vie, on change, alors les pédocriminels ont pu changer.

Ouais. 14 années. J'ai vécu 14 années de viols, de coups, de tortures physiques et psychologiques. Si le pourri qui m'a bousillée avait « changé », il aurait reconnu les faits, se serait excusé, aurait tenté de réparer. Mais tu vois, ils ne font pas ça. Au contraire. Ils continuent de nuire, de se réjouir de ton malheur et de te séparer des tiens. Voilà ce qu'ils sont : des parasites malsains qui pourrissent le monde.

20 ans après la majorité. Tu es supposé aller bien. Pourtant tu te sens glisser dans le gouffre, tu ne sais plus quoi faire, et personne, mais vraiment personne, ne te dit « et si tu portais plainte, et que tu le fasses condamner pour ce qu'il t'a fait »...

Par contre, quand tu craques et que tu dis que c'est à cause de cet enfoiré qui a violé et volé ta vie que tu n'en peux plus, alors là ta mère te dit d'arrêter ton cinéma et ton petit frère te prévient que si tu continues comme ça tu verras plus jamais tes neveux. C'est toi le monstre, alors ferme ta gueule.

———

En famille

C'est un mot qui devrait être associé à « bonheur, sécurité, joie »... Oui, toutes les familles ont leurs petites histoires, leurs petits secrets. Mais il y a des familles où le secret est trop lourd, trop moche, trop salissant. Alors plutôt que de rester debout, ces familles là s'effondrent, et il ne reste que des semblants de familles, des relations superficielles, maintenues par un fil si mince qu'il peut lâcher à tout moment et te laisser planté là, seul. D'ailleurs, est-ce que ce ne serait pas mieux pour tout le monde finalement, que tu n'existes plus, que tu ne sois plus cette victime qui espère désespérément une reconnaissance et la possibilité de ne plus avoir à faire semblant d'avoir eu une enfance normale, d'être une personne normale...

Tu voies, je n'ai plus de famille. Enfin, si j'ai celle que j'ai réussi à construire : mon mari et mes enfants. Mais je n'ai pas vraiment de parents, de frères, de sœur, de neveux et nièces, d'oncles et de tantes.

Dans les faits ils existent, mais le problème c'est moi : JE n'existe pas.

Ce que ma famille sait de moi ce sont des bouts de mon histoire, agrémentés de quelques mensonges pour enjoliver la réalité et d'une distance assez nette pour ne pas avoir à jouer la comédie trop souvent. Donc, la personne que je suis, avec ses souvenirs, ses séquelles (physiques, neurologiques et psychiatriques), personne ne la connaît. Je n'existe donc pas. J'ai un état civil, une vie qui ressemble à la vie de madame tout le monde, mais personne ne sait que je suis là. Moi.

Mes frères ne peuvent pas croire que leur père était monstrueux « à ce point ». « A ce point », ça veut dire quoi ? Que s'il s'était contenté de me violer à 15 ans, proprement après un coup de pastis en trop ça serait peut-être vrai, et finalement tolérable ? Mais là, ce que je dis, c'est trop moche, trop loin de ce bon Pépé qu'il était devenu pour ses petits-fils ? Donc ils doutent, donc ils me gardent le plus loin possible de leur histoire, de leur vie. Ma réalité ne les concerne pas. J'ai joué un rôle pendant des années pour les protéger, à présent que j'ai besoin de leur soutien, ils ont oublié mon existence, pire, ils me croient au moins autant responsable que leur père.

J'ai essayé, pour eux, de continuer à jouer le rôle. J'ai essayé. Je n'ai pas réussi. Alors malgré tout l'amour que j'avais pour eux j'ai préféré sauver ma peau, ma vie, et décidé d'accepter ce que je suis : la victime de leur père. Je suis celle qui n'a jamais souri sincèrement avant ses... 35... 36... 40 ans ? Jamais ? Je ne sais plus. Mais je me souviens de ce qu'était ma vie : un mensonge. J'ai arrêté de mentir, j'aurais voulu que mes frères l'acceptent, entendent ce que j'avais à dire, comprennent et me voient telle que je suis vraiment. Alors, comme ils ne sont pas en mesure de le faire, parce qu'eux même sont victimes de la situation : je n'ai plus de frères.

Imagine ce que ça fait, d'avoir une famille en vie mais absente, étrangère à toi, indifférente même. Pire, imagine que tu aies des frères et sœurs en vie, et que tu t'en foutes parce que tu sais que, en réalité, ils n'ont jamais été tes frères et sœurs à toi mais les frères et soeurs de cette môme qui a préféré endurer mille morts plutôt que de dénoncer, parce que tu croyais les protéger en faisant ça.

Tu voies, c'est ce que j'ai réalisé un jour... Que j'avais fermé ma gueule aussi pour les protéger, parce que le monstre me disait qu'il leur ferait du mal. En réalité, il ne leur aurait rien fait à eux. Non, il n'aurait pas mis mon petit frère dans la poubelle comme il me le répétait... Et j'ai compris que j'ai morflé en silence, pour les protéger d'un danger qui n'existait pas pour eux... Pour rien donc. Aujourd'hui, je suis incapable de leur expliquer ce que j'attendais d'eux : juste qu'ils soient désolés, qu'ils m'aident à être quand même leur sœur, malgré tout ce qui avait été démoli... Mais non. Chacun se tient debout comme il peut, parce que ça aussi je l'ai compris : eux aussi portent une souffrance immonde, différente de la mienne, mais tout aussi ravageuse : ils sont les fils de l'homme qui a violé leur sœur, pire encore, ils sont les fils de celui qui a violé une enfant. Tu vivrais ça comment toi ? Tu te sentirais à l'aise dans tes baskets si tu devais assumer le fait d'être l'enfant d'une pourriture pareille ? Ou tu préfèrerais t'éloigner du sujet, minimiser les faits, rester dans le déni ? Juste pour ne pas avoir à cauchemarder, douter, avoir pitié, être en colère, être horrifié, être sali... Tu ferais quoi ?

La plupart des victimes d'un parent (père, beau-père, oncle, grand-père...) m'ont raconté avoir les mêmes problèmes familiaux que moi. Et donc, tu voies, tu ferais sans doute comme mes frères : tu ferais ta vie sans moi, tu éviterais de parler de moi. Parce que tu serais simplement incapable de comprendre, de gérer, de supporter, de vivre avec cette situation merdique : être le fils d'un homme qui a violé un(e) enfant.

Mes frères n'existent donc plus dans ma vie. Je ne sais plus les aimer, je ne sais plus quelle partie de moi les aimait, je doute de tout les concernant. Alors je reste dans mon coin. Je jette un œil sur Facebook de temps en temps pour les voir en photo, ils ont l'air heureux, ça me suffit. L'air me suffit, je ne veux plus être concernée par les étrangers qu'ils sont devenus. Le silence, le mensonge, la douleur, le doute ont empoisonné nos relations.

Celui qui a pris mes frères, qui a pris les oncles de mes enfants : le criminel qui a abusé de moi pendant presque 14 ans.

Ma mère... Comme je l'aime ma mère, comme je suis triste pour elle. Mais tu imagines bien ce que j'ai pu lui mettre en plein visage. Parce que tu vois, il y a un moment où les victimes craquent, et lâchent ce qu'elles ont contenu pendant des décennies. Peu importe comment elles craquent, mais elles parlent. Et disent à cette mère qu'elle a été aveugle, incompétente, irresponsable, bref, qu'elle a été une mauvaise mère. Tu crois qu'on peut faire plus de mal à sa propre mère qu'en lui disant qu'elle a foiré et que, à cause de ça, tu as été la viande à viol de son mari pendant des années... Tu crois qu'on s'en remet d'un coup comme ça ? Je crois qu'on ne s'en remet pas. Je crois que ma mère ne s'en remet pas. Elle va mal, mais sa fierté lui permet de garder tête haute. Je crois aussi que ma mère préfère ne pas me croire entièrement. Mais mets-toi à sa place... Tu vis avec ça, ou tu en crèves de douleur. Je ne veux pas que ma mère meure. Je ne le voulais pas lorsque le monstre la menaçait de mort en me martyrisant. Pour elle aussi, mille fois je suis morte un petit peu... Alors je préfère qu'elle reste dans un certain déni si ça lui permet de rester en vie.

Mais tu comprends bien que, du coup, la relation mère/fille est quelque peu hasardeuse, douloureuse, maladroite. Je l'ai pardonnée ma mère, de ne pas m'avoir vue comme j'étais : en souffrance, désespérée. Je lui ai pardonné de ne pas avoir eu la force d'agir, de réagir, de comprendre, de voir. Mais je n'ai pas oublié. Je te jure, j'ai essayé... Mais c'est là, une colère qui reste allumée, comme une veilleuse, un truc qui ne peut jamais s'éteindre. Alors ma mère, c'est de loin que je l'aime, c'est un manque et un confort à la fois. C'est une relation basée sur la douleur. Et puis, ma mère me connaît si peu finalement, parce que toute ma vie, depuis que l'autre y était entré, je lui ai fait croire que j'étais une autre... Pour la protéger, pour me protéger. Alors on s'aime, mais tu vois, la distance a du bon, sinon on reparlerait trop souvent du passé, et je n'arriverais pas à rester calme, sereine. Je pleurerais, je serais en colère, et je lui ferais du mal à ma mère. Parce que son déni ne peut être supporté que si je ne le côtoie pas tous les jours. Ma mère aurait des mots maladroits, et je ne supporterais pas que ma mère me blesse, pas elle, alors que j'aurais pu mourir pour qu'elle vive... Je l'aime ma mère. J'ai fini par comprendre qu'elle m'aime aussi. J'ai fini par comprendre sa naïveté, son aveuglement, son manque de discernement, son manque d'empathie.

Celui qui a pris ma mère, c'est le monstre qui me violait en me répétant qu'il la tuerait si je refusais ou parlais. Ma mère à moi, personne ne me la rendra, personne ne pourra remplacer les choses que nous n'avons pas vécues à cause de lui. Personne ne remplacera la grand-mère qu'elle aurait pu être pour mes enfants. Tu sais combien de victimes du même sort que le mien vivent ça ? Trop, presque toutes... La blessure est vive, la plaie à jamais béante.

Mais ce n'est pas tout. Le criminel qui te viole est peut-être ton père, ton beau-père, celui que tu appelles « Papa ». Et tu as grandi avec une image tronquée de l'éducation, de l'autorité, de la figure paternelle. Le monstre... Pour moi, c'était mon beau-père, le mari de ma mère. Il a pris la place de mon père de la pire des façons qui soit. Il a tué l'image du père. Mais il n'avait pas tué mon père, et cet amour encombrant, je ne sais pas quoi en faire, j'ai peur que mon père meure, j'ai peur de ne pas avoir su lui dire, j'ai peur de ne pas avoir su l'entendre, mais là, tu vois, je ne suis pas prête, pas capable, pas en état... Je ne sais pas quand je serais capable d'avoir enfin un père. Celui que j'appelais « Papa » est mort, mon père lui est en vie, loin de moi, de ce que j'aurais voulu être pour lui. Imagine ce que ça fait comme impression à la fête des Pères. Tu ne sais pas quoi faire, pleurer parce que tu n'as pas eu de père ou pleurer parce que celui que tu appelais « Papa » a foutu ta vie en l'air. Un pédocriminel n'est pas un père, ni un beau-père, ni un oncle ou un grand-père, ce n'est pas non plus un grand frère. C'est seulement un criminel qui te fait du mal et menace ta vie ou celle de ceux que tu aimes.

Les oncles, les tantes... Ils sont ceux qui n'ont rien vu. Ou qui ont préféré ne pas voir. Ou qui ont tût. Comment savoir s'ils savaient, s'ils auraient pu m'aider, s'ils ont préféré me laisser dans la merde ? Comment leur faire confiance, pourquoi leur faire confiance ? Comme les faire exister dans cette vie que je reconstruis, en tentant de réduire le passé au silence ?

Comment pourrais-je être celui/celle que je devais devenir à ma naissance ? Et d'ailleurs, qui est cette personne que je devais devenir ?

Tu vois, les pédocriminels ne font pas seulement de mal aux enfants qu'ils agressent, mais ils abiment des familles, ils brisent des liens ou, au mieux les rendent fragiles, instables. Tu imagines ça ? Qu'un seul individu soit capable de détruire tant de vies ? Tu imagines un peu le sentiment qu'on ressent, quand on a été abimé dans son corps et qu'en plus, on doit supporter d'être au cœur d'un malaise familial qui perdure et ne guérit qu'en de très rares cas ? C'est terrible, ce sentiment de culpabilité et de colère à la fois. Cette solitude... C'est terrible tous les jours, mais en périodes de fêtes, d'anniversaire, de deuil ou de doutes : c'est un enfer.

Mais pour les pédocriminels, ça va. Ils continuent d'embobiner et de se faire passer pour des victimes, d'attirer la sympathie des voisins et l'amour des frères et sœurs qu'ils nous ont enlevés. Tandis que nous nous débattons pour prouver au monde entier que nous allons bien, ou mieux, ou moins pire... Pendant que nous nous sentons de plus en plus seuls et en détresse.

Généralement, le pédocriminel qui t'a mutilé passe des jours tranquilles, pendant que ton quotidien à toi est une épreuve.

———

« Je vais bien ».

C'est une petite phrase qui n'a l'air de rien. Tu voies, on te demande « ça va ? », et toi tu réponds « je vais bien », c'est ordinaire, courant. Mais imagine que cette petite phrase veuille tout dire sauf que tu vas bien.

En vérité, tu vas mal. Tu n'as pas dormi de la nuit, tu as fait des cauchemars, tu as eu le sentiment d'être reparti des années en arrière et depuis que tu es levé, tu ressens comme un malaise, comme si tu n'étais pas à ta place. Pourtant, tu es là, avec ta moitié et tes enfants autour de la table du petit déjeuner... Tout le monde est souriant, il fait beau, ça sent bon le pain grillé et le chat s'étire sous un rayon de soleil. Mais tu le sens. Il est là. Le monstre, le mal incarné, il est là, en toi, il cherche à sortir de ton ventre, te murmure des saloperies à l'oreille et cherche à te déstabiliser. Il est là, sa main sur ton épaule, et tu as des flashs... Tu le vois, il est là, il te regarde, il t'empêche de respirer, de crier même...

Personne ne sait, personne ne voit. Alors tu souris, tu fais comme si tout était normal... Et quand tu te retrouves seul(e) dans la salle de bain, tu chiales, tu frottes ta peau au savon sous l'eau trop chaude, tu veux te nettoyer de cette saloperie, tu veux te nettoyer, seulement te nettoyer, le faire partir, l'oublier... Tu n'en peux plus de cette présence, tu veux qu'il disparaisse. A tout jamais.

Alors quand on te demande si « ça va », tu as envie de crier « non, ça va pas, j'ai besoin d'aide, j'ai besoin qu'il s'en aille, j'ai besoin de vivre, j'ai besoin de ma vie, je veux qu'on me rende ma vie, mon corps, ma peau... Je voudrais aller mieux, je voudrais être normal(e)»...

Mais si tu dis ça, à coup sûr, ils vont te juger. Tous. Même s'ils t'aiment. Ils diront que tu as pété un plomb, que tu es devenu dingue, que tu dois te faire soigner...

Te faire soigner... de quoi ?

Tu vois, je ne suis pas folle. Je suis même une personne très lucide, très terre à terre d'une certaine manière. Je suis pragmatique. Mais pour des tas de gens : je suis malade.

Je ne me sens pas malade au sens psychiatrique du terme. Je suis malade oui, comme le sont les gens qui subissent une maladie incurable. Je suis fatiguée. Je porte en moi tant de secrets, de visions dégueulasses, de douleurs. Des choses que je ne peux partager avec personne. Je ne suis pas normale, c'est certain. Si tu voyais la tronche de mes cauchemars...

Des murs qui saignent, des grilles... Un monstre difforme qui m'enlace de tous ses tentacules immondes et puants. Mon corps qui se déforme pour se transformer en un amas de chairs douloureuses. Quand je tente de parler, d'appeler au secours, une masse collante m'empêche d'ouvrir la bouche et descend dans ma gorge, m'étouffe.

Quand j'essaie de fuir, mes pieds deviennent comme des briques de plomb soudés au sol. Quand je veux respirer, tout autour de moi devient un océan de sang dans lequel je me noie. Et je suis seule, enfermée avec la bête. Dans la pièce à côté, j'entends tour à tour les voix de ma mère, de mes frères, de mes enfants... Et le monstre me regarde en souriant puis me dit de faire ce qu'il dit, sinon... et alors il me montre leurs corps éventrés... Puis il m'éventre à mon tour, il m'arrache le cœur et je ne meurs pas, je suis toujours consciente, je le vois manger mon cœur...

Tu crois que ta journée s'annonce sympa quand tu te réveilles de ça ?

D'autres fois, la nuit, je me réveille et je tente de me glisser hors du lit sans faire de bruit, pour m'enfuir, parce que je crois que l'homme couché à côté de moi c'est mon bourreau. En réalité, c'est mon mari, et quand je m'en rends compte, quand je m'aperçois que je suis chez moi, dans ce chez moi d'aujourd'hui, je m'effondre en larmes en pleine nuit et j'ai honte.

D'autres fois encore, je mélange les faits. Ma fille avait un chaton de 6 mois, qui a disparu, tombé par la terrasse sans doute. Je l'ai cherché, on a posé des affiches. Mais voilà. Je cauchemarde, et la nuit je me retrouve au bord de ce canal avec le cadavre de mon chien, mon bourreau l'avait tué pour me faire la leçon. Toutes les nuits depuis des semaines, je me retrouve devant le cadavre de ce chaton, je suis une enfant, c'est mon chaton pas celui de ma fille... Je mélange tout. Eveillée, je sais que c'est impossible, il n'a pas pu tuer ce chaton puisque lui-même est mort, incinéré. Pourtant, au fond de moi, je sais qu'il a tué le chaton de ma fille. Tout ça n'a aucun sens, et ça me rend malade.

Alors tu vois, j'ai peur de dormir. Parce que la nuit, j'ai 5 ans, je suis l'objet de la bête, et je vais encore mourir.

Je vais mal. Physiquement. Tu crois quand même pas que des viols à répétition, des coups, des tortures physiques et psychologiques, ça ne laisse pas de conséquences physiques ?

Mais tous les jours, on me demande « ça va ? », et je réponds « très bien ! »...

J'ai reçu des tas de témoignages de victimes, et on se ressemble... On vit des problèmes de santé : problèmes articulaires, dermatologiques, neurologiques, cardiaques... J'en passe tu vois. Un homme de 52 ans m'a même expliqué avoir besoin d'une aide à domicile pour son ménage et ses courses... Il n'est plus en mesure de sortir de chez lui, son cœur est malade, usé... Son histoire à lui... Entre autres, celui qui lui a annoncé la mort de son père, le soir même le violait, puis l'a prostitué. Voisins, amis, étrangers... Alors sa santé, son cœur... C'est un carnage.

Pourquoi ? C'est quoi le lien ? Comment le viol, même à répétition peut créer des conséquences pareilles ? On ne sait pas vraiment, puisque tout le monde s'en fout. Franchement, ça dérange qui que des anciennes victimes de pédocriminels soient atteintes de problèmes de santé récurrents qui deviennent chroniques et les handicapent au quotidien ?

Tout le monde s'en fout oui. Parce que si on se plaint, c'est qu'on est faible. Et puis, c'est dans la tête tout ça...

Imagine ce que ça fait quand tu te pointes chez le médecin et que tu expliques, ton vécu. Tu lui demandes si tes problèmes de santé peuvent avoir un rapport avec ton enfance et là il te conseille d'aller voir un psychiatre... Pourtant, c'est physiquement que tu souffres, et même les examens le confirment, physiquement c'est pas le top, ce serait même la dégringolade. Mais le docteur, au lieu de chercher pourquoi tu es dans cet état, se contente de te donner des antidouleurs et aussi... des antidépresseurs. Parce que t'es forcément dépressif vu ce que t'as vécu, et donc pas la peine de chercher.

Je suis dépressive. Mais je le suis à cause des douleurs, du manque de sommeil, de la fatigue. Et même de ma situation financière... Je suis dépressive. Mais je n'ai pas mal parce que je suis dépressive. Je suis dépressive parce que j'ai mal. Et ça, c'est difficile à faire comprendre à des médecins qui pensent avoir tout vu, tout entendu... Ils savent. Toi t'es juste malade. Tu ne sais pas, pensent-ils... Alors au lieu de faire le lien entre les violences subies et les problèmes de santé physiques, les médecins se contentent de considérer que tu somatises, que c'est normal... Vu ce que tu as vécu, tu somatises forcément, et tu n'es donc pas « vraiment » malade physiquement. Donc, en d'autres termes, on te stigmatise, on ne te prend pas au sérieux, parce que tu as eu une enfance de merde, tu es forcément du genre à te plaindre et vouloir attirer l'attention. Voilà comment ils pensent les toubibs qui te droguent en ignorant qu'ils font pire que mieux. Et tu n'en sors pas de tes douleurs, et elles provoquent de nouveaux cauchemars, et ainsi de suite. Même avec des IRM ou des échographies qui démontrent que tu couves sans doute une maladie inflammatoire à caractère héréditaire, bah à toi on ne te fait pas faire les tests, après tout, le plus important c'est que t'arrêtes d'être timbrée... Pendant ce temps là, ton pied, ta main se déforment, tu sais plus tenir un stylo ni marcher 10 minutes sans avoir le sentiment d'avoir le pied en sang.

Jusqu'au jour où un nouveau médecin t'annonce qu'il y a un lien évident, que ton organisme subit les conséquences de ces violences. Selon certains chercheurs qui s'intéressent à la cause des enfants maltraités, « Les violences sexuelles sont à l'origine de graves conséquences sur la santé mentale et physique directement liées à l'installation de troubles psychotraumatiques sévères qui, s'ils ne sont pas pris en charge spécifiquement, peuvent se chroniciser et durer de nombreuses années, voire toute une vie. Ce sont des conséquences normales des violences. Ils sont pathognomoniques, c'est à dire qu'ils sont spécifiques et qu'ils sont une preuve médicale du traumatisme ». Oui, avoir subi des viols durant l'enfance peut avoir des conséquences sur la santé physique.

Sur le plan psychologique et neurologique, c'est un désastre. C'est ce qu'explique le docteur Salmona : « les troubles psychotraumatiques sont générés par des situations de peur et de stress extrêmes provoquées par les violences. Ces violences sexuelles sont tellement terrorisantes, sidérantes, incompréhensibles, incohérentes et impensables qu'elles vont pétrifier le psychisme - le mettre en panne - de telle sorte qu'il ne pourra plus jouer son rôle de modérateur de la réponse émotionnelle déclenchée par l'amygdale cérébrale qui joue un rôle d'alarme en commandant la sécrétion d'adrénaline et de cortisol (hormones de stress).

La réponse émotionnelle monte alors en puissance sans rien pour l'arrêter et atteint un stade de stress dépassé qui représente un risque vital cardio-vasculaire (adrénaline) et neurologique (cortisol) par "survoltage" et impose la mise en place par le cerveau de mécanismes de sauvegarde neurobiologiques exceptionnels sous la forme d'une disjonction. C'est un court circuit qui isole l'amygdale cérébrale et qui permet d'éteindre la réponse émotionnelle. Cette disjonction se fait à l'aide de la libération par le cerveau de neuromédiateurs qui sont des drogues dures endogènes morphinelike et kétamine-like.

La disjonction entraîne une anesthésie émotionnelle et physique alors que les violences continuent et elle donne une sensation d'irréalité, de déconnexion, de corps mort, de n'être plus dans la situation mais de la vivre de l'extérieur en spectateur, c'est ce qu'on appelle la dissociation. La dissociation peut parfois s'installer de manière permanente donnant l'impression de devenir une automate, d'être dévitalisée, déconnectée, anesthésiée, confuse, une morte-vivante. »

Il est donc possible de prouver médicalement que la victime en est une. Mais l'on continue de considérer qu'il ne peut exister de preuve des faits lorsque les années ont passé... Alors on se tait, on souffre en silence, on pleure, on lutte contre un mal que les autres ne voient ni n'entendent, on tente de rester debout et en vie.

Mais ça va bien... Les gens qui te croisent, la plupart du temps, te trouvent normal, t'as l'air heureux dans ta vie. Tu sais donner le change, jouer un rôle, sourire sur commande. Y'a que si on te regarde dans les yeux qu'on se rend compte que tu n'en peux plus. Mais de nos jours, des gens qui te regardent vraiment dans les yeux, ça ne court pas les rues.

Si tu veux passer inaperçu, ne t'avise pas de dire que tu vas mal. Ne dis jamais que tu souffres. Ne parle surtout pas de ton enfance. Dis que tu vas bien. Ne dérange pas les gens, ils ont déjà bien assez de soucis comme ça... Ils souffrent eux, tu comprends. Ils ne gagnent pas assez, se sont faits larguer, doivent changer de voiture ou ne savent pas où aller en vacances. Ils ont autre chose en tête. Alors ne dis rien, souris, et réponds juste que « ça va bien ».

Tu trouveras bien un moment pour chialer 5 minutes dans ton coin, juste pour évacuer, sans que personne ne sache. C'est ton fardeau, pas celui des autres, surtout pas celui de la société.

Et puis ce soir, tu fermeras la porte à double tour avant de te coucher, et tu espèreras que le docteur t'as filé assez de médicaments pour dormir comme une masse, que tu seras assez assommé pour ne pas te souvenir de tes cauchemars...

Et demain, tu recommenceras... Et après-demain, et les jours suivant, jusqu'à la fin.

———

Thérapies.

Tu vas me dire que, après tout ce que tu viens de lire, tu penses qu'une bonne thérapie me ferait du bien.

Oui. Une bonne thérapie... de plus. Encore.

On est des milliers à avoir suivi ou à suivre encore des thérapies. Et on en est toujours plus ou moins au même point.

Il y a des moments où ça va, on se sent bien, on dirait que ça y est, c'est fini, on a réussi à passer le cap.

Et puis d'un coup, d'un seul, comme la vie ne réserve pas que de belles surprises, tu perds ton boulot, ou un proche décède, ou tes mômes quittent la maison, ou ton conjoint te quitte, ou tu as un accident... Et là, quand d'autres feraient une petite dépression bien légitime, toi tu te retrouves au fond du trou, prêt à te pendre pour en finir. Tout à coup tout ton corps te fait mal, tu te sens illégitime, en souffrance, tu ne sais plus où est ta place, tout te fait mal, tous te font mal.

Alors si tu as assez de recul, tu vas vite aller voir le médecin et il te donnera de nouveaux médicaments, pour t'aider à ne pas sombrer, il t'enverra voir un psychiatre, un psychologue ou tout autre professionnel avec « psy » quelque-part. Pour, te dira-t-il, que tu puisses « passer à autre chose », « laisser tout ça derrière ». Parce que t'es con, il suffit de laisser ça derrière mais tu n'y avais pas pensé ! Ou alors c'est que ça te fait plaisir d'aller mal... Enfin quoi, tu pourrais prendre sur toi au lieu de te plaindre... Non ?

Si t'as pas assez de recul, tu vas picoler, ou fumer un joint, ou te piquer. Seulement pour te sentir loin, pour penser à autre chose. Et t'en auras jamais assez, parce que la bête reste, quoique tu fasses. Alors tu vas augmenter la dose, encore et encore, jusqu'au jour où tu vas crever tout seul, dans un coin, une seringue plantée dans le bras.

Et on dira de toi que tu étais toxico, on ne dira jamais que tu étais une victime.

Si t'as encore moins de recul... Tu vas avaler tous les somnifères que tu trouves et te coucher avec un sac plastique sur la tête pour en finir, pour crever comme tu sens que tu aurais dû le faire depuis longtemps...

Ou te jeter sous les roues d'un poids lourd, comme ça, subitement, sans que personne n'ait eu le temps de comprendre.

Peut-être que tu vas laisser des enfants, mais tu crois de toute façon que ta présence est néfaste pour eux, que tu n'as rien de bon à leur offrir, que de la douleur, que de la crasse. Cette crasse qui te colle à la peau, cette noirceur qui enveloppe ton cœur et te déchire les entrailles. Cette crasse dont le monstre t'a enveloppé... Tu veux les protéger tes mômes, ne pas les obliger à te voir glisser, à te voir pleurer, à te voir souffrir. Tu ne veux pas leur imposer cette crasse à eux qui sont si magnifiques, si plein de cette vie que tu n'as jamais eue, que tu n'auras jamais.

Et si jamais tu en réchappes, les gens te jugeront, ils estimeront que tu es égoïste, que tu n'as pas le sens des responsabilités, et que tu laisserais sans état d'âme tes enfants devenir orphelins, juste pour attirer l'attention parce que tu es vraiment cinglé. Et ça te prouvera que tu dois continuer de faire semblant d'être en vie, et tu prieras pour qu'un camion te renverse par hasard. Parce que personne ne veut, ne peut comprendre que tu crèves à petit feu depuis toujours...

Alors la thérapie... C'est bien. J'avoue, ça ne m'a pas toujours aidée, mais à d'autres ça peut peut-être servir, ne serait-ce qu'à pouvoir parler. Mais nous sommes condamnés à suivre des thérapies à vie, de manière continue ou cyclique. Et ça coûte cher. Alors, comme nous ne sommes pas forcément reconnus et pris en charge, beaucoup sombrent dans l'addiction ou le suicide. De combien de morts les pédocriminels sont responsables chaque année ? On ne le saura jamais, les suicidés étant ceux qui n'ont pas su/pu parler. Les overdoses, les arrêts cardiaques... Combien sont les conséquences des violences subies jamais dévoilées...

Mais ne t'en fais, les pédocriminels, eux, sont pris en charge et obligés de se soigner quand ils sont attrapés. Pour eux, on sait déployer l'arsenal de prise en charge pour qu'ils puissent se réinsérer dans la société. Que leurs victimes soient détruites à jamais, ça c'est secondaire, la priorité c'est de s'assurer que le pédocriminel n'est plus malade et qu'il va être sage.

Un monde qui marche sur la tête, c'est notre monde.

D'ailleurs pour que les thérapies soient efficaces, il faudrait commencer par former les médecins et tous les « psy » à ce qu'est vraiment une victime de pédocriminel, ce qu'elle a réellement subi, et les conséquences sur sa santé physique et mentale.

J'ai suivi plusieurs thérapies, et j'ai tout entendu : que mes parents ne m'aimaient pas et que c'est pour ça qu'ils m'ont laissée subir, et que donc pour aller mieux je devais arrêter de les aimer ; que pour tout oublier il suffisait de l'écrire sur un papier, de le brûler et d'enterrer les cendres ; que le mieux était que je n'en parle plus afin de ne plus y penser ; que je devais absolument en parler à toutes les personnes que j'aimais afin de leur permettre de me comprendre ; que je devais faire la paix avec mon bourreau... Faire du yoga ou du bricolage.

J'ai même eu un psychiatre qui sous-entendait que je fabulais et que j'étais vraiment un cas typique d'hystérique hypocondriaque... Il me disait que je ne pouvais pas me souvenir de choses aussi vieilles, que donc je les inventais pour exister. J'ai eu envie de lui vomir ma colère au visage. Mais ça l'aurait sans doute conforté dans l'idée que je n'étais qu'une hystérique, comme le sont toutes les femmes quoi... Ce type là finalement, quel était son problème ? Parce que de mon point de vue, c'est lui qui avait du mal avec la réalité. Et les femmes.

Une psychologue m'a un jour demandé de changer de thérapeute, parce que ce que je lui disais était trop dur, elle n'arrivait pas à le gérer. Elle ne savait pas comment m'aider... Elle pleurait en m'écoutant.

Oui. Thérapie. Mais à condition que ceux qui sont supposés écouter sachent le faire sans avoir d'a priori. Et qu'ils soient formés pour supporter d'entendre l'inhumain que nous avons subi.

En attendant, ce serait fort sympathique de cesser de croire que les personnes que nous sommes se complaisent dans leur rôle de victimes, qu'elles ne cherchent pas à aller mieux ou qu'elles exagèrent pour attirer l'attention.

En réalité, si toutes les victimes prenaient la parole et expliquaient explicitement ce qu'on leur a fait, alors plus personne ne pourrait plus jamais ignorer de quoi il est question, et je le rappelle : de crimes contre l'Enfance.

En réalité, il faudrait des centaines de thérapeutes pour recueillir les mots de tous ceux qui se taisent depuis toujours.

Cependant, la thérapie ne suffit pas à elle seule si le regard de la société ne change pas sur ces actes et leurs conséquences. Si les victimes sont toujours regardées avec pitié, dégoût ou doute, rien ne changera. C'est donc bien ce regard qu'il faut réussir à faire changer.

———

Intégration sociale.

Je crois qu'il faut être clair : les personnes qui ont subi des violences pédocriminelles et notamment incestueuses éprouvent forcément des difficultés dans leurs relations humaines, et donc sociales.

Non seulement notre corps a été abimé, mais c'est notre confiance en l'autre et en nous-mêmes qui a été ravagée. A partir de là, il est évident que l'environnement social peut être source d'angoisses, de phobies, et donc générer un comportement inadapté qui à son tour génèrera un malaise et ainsi de suite...

J'ai toujours eu du mal à savoir ce qu'il était légitime de dire ou pas, de faire ou pas... Je m'excusais quand je n'avais rien fait de mal ou me culpabilisais si je constatais des divergences d'opinions considérant que c'était sans doute moi qui avais tort, qui ne savais pas, ou qui n'avais pas le droit de dire autre chose que ce que mes interlocuteurs affirmaient...

Dans une grosse entreprise, c'est difficile de pouvoir trouver sa place, de trouver des alliés et il est naïf de considérer que tout le monde est gentil. Il y a toujours des gens pour profiter des faiblesses des autres pour se hisser au sommet.

Donc il faut avoir l'air solide, ne pas montrer de faille. Mentir pour laisser penser aux autres qu'on est comme tout le monde et peut-être encore mieux, plus poli, plus courtois, plus volontaire, plus compétent, plus complaisant aussi parfois... C'est ce que les victimes de pédocriminels sont obligées de faire pour avoir une chance de trouver et garder un emploi...

La société aime l'élite, aime le formatage, ce qui ne dépasse pas les lignes et se tient bien droit.

Les victimes portent en elles une telle écorchure que leur sensibilité est immense, bien trop immense pour être contenue en permanence.

Il est donc indispensable de trouver une activité qui permet d'être soi-même, et un environnement de travail sain qui ne génère pas de stress et ne nécessite pas de jouer un rôle.

Car dans la vie, nous sommes polytraumatisés, nos écorchures sont parfois visibles, nos plaies béantes et notre volonté en dents de scie.

J'ai souvent eu du mal avec des collègues pour qui le profit avait plus de sens que l'humanité. Je me savais compétente, pourtant, souvent je me remettais en question et laissais la place aux autres, sans me battre, évitant le conflit.

Mais surtout, quand on a été humilié comme les victimes de pédocriminels le sont, on ne se sent jamais légitime d'être, de penser, de dire, de proposer, de revendiquer.

Ainsi, j'ai reçu le témoignage de Pascal, 47 ans, qui me disait ceci : au travail, il a du mal à vivre la confrontation devant quelqu'un qu'il sait pourtant moins pertinent que lui. Parfois même par des personnes qui lui sont hiérarchiquement inférieures. Accablé par ce genre de situation, il s'efface... Donc, pour lui, quelle victoire d'avoir un jour pu «oser» remettre une personne à sa place, qui avait cherché à passer devant lui dans la file d'attente d'un commerce! Il m'a raconté «dans le passé je n'aurais rien dit, cette fois je lui ai fait la remarque».

Il me rappelle donc que pour nous, victimes de pédocriminels, «les petites choses de la vie ordinaire pour les autres nous demandent un véritable effort. C'est une énergie importante qui n'est donc pas utilisée ailleurs».

Imagine que tu doives à la fois être toi-même, c'est-à-dire une personne polytraumatisée et handicapée dans ses relations affectives et sociales. Imagine qu'on te pousse à assumer ton vécu, et à ne plus faire semblant afin d'être en paix avec toi-même et donc ne plus contenir en permanence ce que tu es, éprouves, penses. Et en même temps, devenir un(e) employé(e) modèle et passe-partout, de cacher tes émotions, tes doutes, être dynamique et ambitieux, sourire en permanence... C'est difficile. C'est un peu comme si on demandait à une personne en fauteuil roulant d'occuper un poste où il faut monter les escaliers plusieurs fois par jour.

Imagine que tu aies le sentiment d'être moins bien que les autres, illégitime...
De loin, ça ressemble à de la paranoïa. On se sent toujours jugé, surveillé, critiqué. Pire, on se sent toujours coupable, critiquable...

On le ressent, on s'inquiète quand l'ambiance est mauvaise parce qu'on se persuade que c'est de notre faute. En réalité, c'est parce que toute notre enfance a été malmenée, que notre personnalité est fragile, nous sommes le résultat de tous ces sentiments : la douleur, la peur, l'isolement, la solitude, le mensonge, le doute, le mépris, etc. Quand ta dignité a été piétinée, quand ton corps a été souillé au plus profond, quand on t'a répété que tu n'es rien et que tu n'as pas le droit ni de t'exprimer ni de prétendre à mieux que la merde qui fait ton existence... Et bien tu t'attends à ce que tout le monde continue de te traiter comme une sous-créature humaine. Tu t'attends à ce que l'on doute de toi, de ton intégrité mentale et donc, tu laisses les autres te malmener alors que tu sais, inconsciemment, que tu vaux mieux que ça.

On m'a dit que je suis atteinte de troubles comparables à des troubles autistiques. Je suis aussi un peu borderline, bipolaire. J'ai découvert ces derniers mois que la plupart des victimes de pédocriminels vivent les mêmes troubles. Parfois des troubles obsessionnels compulsifs. Des phobies, beaucoup...

On devrait au moins avoir accès au statut de travailleur handicapé. Bénéficier d'une prise en charge longue durée pour ce qui concerne justement la psychothérapie et les séquelles physiques en rapport avec les violences.

En fait, on nous demande de prendre sur nous et de faire comme si, finalement, ce n'était pas si grave.

Les pédocriminels, eux, sont souvent très bien vus au travail. Et ils attendent leur retraite tranquillement, pour laquelle ils se paieront peut-être même un voyage dans un pays où la prostitution des mineurs est monnaie courante. Comme ça, ils pourront passer des vacances de rêve. En attendant de trouver une nouvelle proie dans le voisinage ou dans ta famille.

———

Justice.

On parle souvent des pédocriminels comme s'ils étaient seulement des malades, et donc, des individus ayant avant tout besoin de soins.

On commence à se montrer très sévère lorsqu'il est démontré qu'ils sont récidivistes. On les condamne « lourdement » à une peine incompressible quand ils ont tué leurs victimes.

Mais ces temps-ci, suite à la pétition et aux multiples témoignages que j'ai reçus, je suis en mesure d'affirmer qu'il y a un nombre incalculable de criminels dangereux en liberté.

Pour les condamner, les empêcher de nuire, il faudrait que les victimes puissent être en mesure de dénoncer, de porter plainte.

C'est là que le problème de la prescription se pose.

En réalité, la justice est très loin d'être adaptée à ce que nous sommes, avons vécu et vivons encore.

D'abord parce qu'il est acquis que c'est à la victime de démontrer qu'elle ne ment pas. Oui, d'office on commence par mettre en doute la parole de la victime. Le « bonheur », c'est quand il y a plusieurs victimes d'un même violeur, qui peuvent donc croiser leurs témoignages pour démontrer le bien-fondé de leurs accusations. C'est la « chance » qu'ont les victimes du père Preinat par exemple. Être plusieurs et pouvoir regrouper les plaintes et témoignages.

Quand on est victime de violences incestueuses, c'est beaucoup plus difficile. Et on galère souvent seul, sans aucun soutien. On peut pousser la porte d'une association pour être aidé, mais même là ce n'est pas gagné. Il faut être prêt, il faut que le courant passe avec les personnes que l'on rencontre et pouvoir parler librement.

Mais clairement, la parole des victimes a toujours du mal à être prise au sérieux. Et ça doit changer.

Ce que je voudrais expliquer, c'est que si nous avons besoin d'autant de temps pour pouvoir nous libérer du fardeau que nous portons, si nous éprouvons tant de mal à dénoncer les agressions dont nous avons été victimes, c'est parce que nous savons que nous allons avoir du mal à être entendus. Nous savons que notre parole sera mise en doute, que nous serons montrés du doigt comme des curiosités, que l'on attendra de nous que nous soyons larmoyants et faibles, que les gens auront pitié de nous, que nous serons systématiquement rangés dans la catégorie des « glauques » parce que forcément, ce que nous avons vécu est sale. Nous savons que la plupart des gens pensera que nous exagérons. Nous savons que la plupart des gens dira que l'on aurait dû, si vraiment on avait tant souffert, « en parler avant »... Pire, nous savons que certains nous accuseront de mentir. Et alors que nous avons tant de mal à vivre un quotidien pollué par le traumatisme, nous devrons subir de nouvelles violences en racontant, en tentant de prouver, de démontrer. Piégés. Obligés de revenir sur le plus douloureux, le plus moche, le plus insupportable, le plus invivable.

Bref, nous savons que quoique nous disions, il se trouvera toujours des personnes pour minimiser ce que nous avons vécu et considérer que nous faisons beaucoup de bruit pour pas grand-chose...

Il ne peut y avoir de justice sans conscience. Notre société n'a pas conscience de ce que nous sommes, de ce que nous avons subi de violences et d'outrages. Pas conscience des conséquences que nous subissons toute notre vie.

Nous ne voulons pas de pitié, de complaisance ou de charité... Nous voulons de la justice.

La première forme de justice serait de reconnaître que les viols sur mineurs de quinze ans sont un crime contre l'Humanité. Car nous sommes marqués à vie, dans notre chair comme dans notre âme. C'est notre développement psychoaffectif qui est ébranlé. Parce que les viols que nous avons subis sont la pire des violences que l'on puisse infliger à un enfant. Le viol est un acte de barbarie. Le viol d'un enfant est un assassinat barbare qui tue une partie de la personne en devenir. Nous sommes tous amputés d'une partie de nous-mêmes, de notre avenir.

Il est incompréhensible que nous soyons contraints de nous regrouper autour d'une pétition pour que le délai de prescription soit simplement retiré. Il est anormal que nous soyons contraints de nous dévoiler publiquement, et donc de générer (forcément) une curiosité malsaine pour pouvoir attirer l'attention des autorités sur la gravité des actes que nous avons subis.

Tu vois, je suis allée jusqu'à enregistrer une vidéo pour expliquer ce que j'ai vécu et pourquoi je n'ai pas été en mesure de porter plainte tout de suite... J'ai eu du mal à la faire cette vidéo, mais la dame du site de pétition m'a expliqué que ça pouvait être utile. Utile. C'est tout ce que mon calvaire peut devenir. Utile aux autres, à ceux qui pourront peut-être un jour être entendus.

Mais quand même... Tu n'imagines pas comment ça a été difficile pour moi de montrer mon visage sur une vidéo et de devoir parler de toute cette merde...

Je l'ai fait, parce que je refuse que mon pays ferme les yeux sur ce que nous sommes très nombreux à considérer comme le crime le plus intolérable, le plus impardonnable, le plus condamnable qui soit.

La deuxième forme de justice serait donc de ne pas systématiquement mettre en doute la parole des victimes, de ne pas les contraindre à se défendre comme si elles étaient coupables. On parle quand on est en confiance, quand on sait que les autres vont vraiment nous écouter et entendre nos mots pour ce qu'ils sont : les témoignages de la pire des violences. On parle quand on a pris suffisamment de distance avec les faits pour pouvoir poser des mots. On parle quand on est entouré de personnes bienveillantes. On ne peut jamais savoir quand on sera prêt à parler. Encore moins quand on sera prêt à porter plainte.

Parce que tu vois, c'est différent : parler et porter plainte. C'est deux étapes différentes.

La première, c'est un moyen de se délivrer soi-même de la pire des douleurs qui soit : être enfermé vif dans le silence et la honte. Quand on arrive à faire tomber ce mur du silence, c'est qu'on a trouvé assez de force et d'amour pour se sentir le droit d'exister, et donc de ne plus garder secrète une partie de nous-mêmes. Parfois, il faut dix ans pour trouver les bonnes personnes. Parfois il faut trente ou quarante ans. D'autres fois, ça n'arrive jamais.

Alors pour que l'on puisse parler, il faut que la société toute entière se mette dans le crâne que ce n'est pas aux victimes d'avoir honte, mais aux coupables. Et ainsi, les victimes sauront qu'il est légitime qu'elles parlent et que ce n'est pas une faveur qu'on leur fait par pitié ou complaisance.

Tu sais, la pitié... C'est tout ce qu'il y a de pire. C'est un sentiment pathétique, c'est dire « pauvre de toi, tu n'es donc que ça »... Et figure-toi que nous ne sommes pas que « ça », nous ne sommes pas que les victimes de nos bourreaux, mais nous sommes des personnes avec une dignité, une force intérieure. Ta pitié, on n'en veut pas. On veut que tu saches que pour survivre et parvenir à parler, il nous a fallu une force et un courage que tu n'imagines même pas.

Alors quand on parle, quand on se dévoile, écoute nous, reçois nos paroles et soutiens nous, mais n'aies pas pitié de nous, car finalement, c'est nous qui te préservons de la douleur en choisissant des mots qui ne te choquent pas, ne te font pas peur. Nous t'épargnons l'horreur car nous savons, nous, à quel point elle est inhumaine.

Porter plainte ? C'est une étape importante pour laquelle il faut être prêt à la fois physiquement et psychologiquement. Parce que c'est une nouvelle douleur que nous allons subir et faire subir. Il va falloir dire les faits, tous les faits, dans le moindre détail pour que la plainte soit enregistrée et prise au sérieux. Quand le coupable est un membre de la famille, c'est encore plus difficile. Parce que forcément, cette famille là ne veut pas être salie, ne veut pas souffrir, ne veut pas infliger une telle épreuve à ses enfants. Mais en général, nous savons que c'est aussi le seul moyen d'empêcher un prédateur de nuire. Nous savons que nous devons aussi protéger nos propres enfants de ce que nous avons vécu. Parce que, figure-toi que souvent, on nous a traité de menteurs, de malades. Et on a peur qu'une autre version de nous-mêmes soit racontée un jour à nos enfants. On a besoin que les choses soient claires. On espère que ceux que nous aimons et qui sont supposés nous aimer aussi comprennent que le but n'est pas de leur nuire mais au contraire de dissiper tous les malentendus et ainsi permettre à chacun de faire son deuil de ce qui a été perdu afin de vivre la suite, dans la paix.

Porter plainte c'est rendre publique ce que les proches veulent taire. C'est demander une sanction, une réparation. C'est réclamer une reconnaissance de ce que l'on est : victime.

Tu n'imagines pas la détresse et l'humiliation que provoque la réponse de l'agent de police qui reçoit notre plainte : « c'est trop tard, il y a prescription ».

Prescription ?

Mais tu as pourtant rassemblé toutes tes forces, tout ton courage pour pousser la porte du commissariat...

Prescription ? Mais de quoi ? Tu as toujours mal, tu souffres toujours dans ta chair, tu cauchemardes, tu vis mal... Prescription de quoi puisque tu es là, en vie, et que tu as besoin d'aide ! Prescription, c'est pas possible, tu sais pourtant toute l'horreur de ce que tu as vécu, comment ça peut être prescrit ? Pourquoi ?

Prescription... Mais il est encore en vie « lui ». Tu sais qu'il est dangereux. Tu sais que le nombre d'années passées n'a rien ôté de sa monstruosité, de sa dangerosité. Alors prescription... Il a vraiment réussi à te détruire sans que personne n'en soit ému ? Il va s'en tirer comme ça. Parce qu'un texte de loi dit que tu es supposé aller mieux, que tout ça n'est que du passé et que le criminel ne craint plus rien.

Prescription... Et là tu as honte. Parce que tu viens de raconter à un inconnu en uniforme qu'un salopard t'a violé et forcé à faire des trucs dégueulasse... Pour rien. Tu n'oses plus le regarder en face, tu te sens comme une merde. Tu n'as le droit à aucune justice. C'est trop tard.

C'est comme si on te tuait une seconde fois. C'est comme si tu étais violé encore, dans ta conscience. Parce qu'en plus, du coup, tu t'en veux... « Pourquoi j'ai pas su la pousser avant cette putain de porte de commissariat ? »

Et ça va te ronger. Tu vas t'en vouloir, tu vas en vouloir au monde entier aussi... Mais surtout à toi. Comme quand tu étais môme et que tu demandais pardon quand tu avais osé dire « non, je t'en supplie, ne me viole pas encore »... Tu t'en veux. Tu te tuerais si tu en avais le courage. Tu le tuerais peut-être aussi, surement... Si tu avais le courage.

Tu vois, la prescription c'est tout ce qu'il y a de plus injuste pour les victimes. Parce que ça signifie qu'elles doivent vivre à perpétuité avec la douleur, le souvenir et le déni. Le déni d'une société qui les laissent sur le côté de la route, avance sans elles, sans se soucier du fait que ces milliers de victimes sont autant de difficultés sociales, médicales, familiales... Des traumatismes éternels jamais punis. Le pire des crimes traité comme une bagatelle.

Prescription, c'est l'incompréhension, l'absurde, l'injuste, le moche, la solitude, le désarroi, la honte et la colère. A vie. Pour les victimes, c'est une sentence, une condamnation.

Pendant que les pédocriminels respirent le grand air, toi tu te cognes la tête contre les murs pour en faire sortir les souvenirs, les cauchemars, la honte, la douleur... Tu restes enfermé entre quatre murs de solitude, seul avec un vécu dont personne ne veut.

Et tu bouffes tes comprimés pour rester en vie.

_____

Condamnation.

La justice c'est aussi la condamnation. On m'a demandé : « à quoi sert de condamner un gars de 75 ans des décennies après ses crimes ? »

Honnêtement, je ne sais pas. Mon idée est que les coupables doivent être condamnés, quelle que soit la condamnation. C'est pas compliqué, c'est le principe de la Justice.

Je suis pour de vraies peines de perpétuité. Je crois que ceux qui violent des enfants sont un danger pour la société au même titre que les terroristes qui détruisent des vies et des familles. Le problème, c'est qu'il est difficile de pouvoir évaluer vraiment le nombre de victimes de pédocriminels dans la société actuelle. On en parle plus qu'autrefois, c'est vrai. Notamment lorsqu'un scandale éclabousse l'Eglise ou l'Education Nationale... D'ailleurs, on en parle plus dans le but de flinguer une institution que de lutter contre la pédocriminalité ou soutenir les victimes. Les gens partagent les liens d'articles de presse avec des commentaires où il est question de prêtres ou d'instituteurs. Pourtant, ils devraient parler de pédocriminels, d'individus qui sont coupables de crimes sur des enfants, pas de prêtres ou d'instituteurs qui salissent une institution ou un métier.

Alors donc, comment estimer la peine qu'il serait juste d'infliger ?

Certains me disent « leur couper les testicules ». D'autres « leur couper la tête ».

Et puis ?

Et puis rien... La mort n'est rien en comparaison de ce qu'ils ont fait.

Ils ont soumis des enfants à leur autorité, les ont violés souvent à plusieurs reprises. Ils ont contraints des enfants au désespoir, à la honte, à la solitude. Ils ont amputé des enfants d'une partie de leur vie, de leur avenir. Ils ont anéanti leurs rêves de mômes. Ils ont craché sur leur dignité. Ils ont violé leur innocence. Ils ont poussé au suicide.

Mon bourreau est mort. Il ne reste rien de lui que des cendres. Mais quelle justice aurait été adaptée ? Il m'a forcée à une fellation quand j'avais 4 ans et demi, il se masturbait et éjaculait sur mon visage, il enfonçait son doigt dans mon vagin, il me sodomisait avec des objets, il me torturait en me foutant la tête sous l'eau jusqu'à ce que je perde connaissance, il me cognait, me foutaient des coups de poings dans le ventre, m'a cassé des côtes, m'a brulé la tête avec un sèche-cheveux, cassé le nez, fissuré la mâchoire, m'a fait manger sa merde, a tenté de me faire violer par un chien, me forçait à regarder des films pornos, ... tout ça c'était avant mes 12 ans. Ensuite, plus besoin d'objets pour me violer. Des viols quasi quotidiens. Tu veux que je te parle de mes blessures, de l'anus qui saigne et t'empêche d'aller à la selle, tu veux que je te parle des brulures de cigarette sur le pubis ? Tu veux que je te raconte la douleur d'un téton pincé à sang ? Tu veux que je te dise l'humiliation d'être maintenue attachée à 4 pattes puis violée et fouettée avec le martinet...

Tu veux que je te raconte l'horreur, la solitude, l'envie de mourir quand le bourreau te prête à un ami ?

Tu veux que je t'exprime l'envie de crever pour que tout ça s'arrête ?

Alors, tu l'aurais condamné à quoi mon bourreau ? Tu trouves qu'il méritait la prescription. Ah au fait... Je t'ai pas énoncées les violences psychologiques...

Je l'ai souvent pensé. J'aimerais que les pédocriminels soient enfermés seuls à perpétuité, avec pour seul contact avec la vie le repas qui leur serait apporté par un gardien eu travers d'une petite trappe au sol. J'aimerais qu'ils ressentent la même solitude, la même détresse, le même isolement, les mêmes douleurs que celles qu'ils ont infligées à leurs petites victimes. J'aimerais que, comme nous, ils espèrent mourir pour que ça s'arrête. J'aimerais qu'ils doutent de leur existence, de leur humanité. J'aimerais que sur leurs murs soient gravés les regards de ceux qu'ils ont brisés et qu'ils ne voient plus rien d'autre, à jamais. J'aimerais qu'ils en soient réduits à supplier que l'on mette fin à leurs jours, et que, justement, on les oblige à rester en vie.

Mais comment pourrais-je être objective ?

Mon bourreau est mort il y a deux ans. J'ai eu pitié. Il est mort dans des conditions douloureuses. J'ai réalisé qu'il était mort en minable, comme il avait vécu. Que j'avais eu peur de lui le croyant tellement fort et dangereux. Pourtant, ce n'était qu'un minable, un méprisable petit monstre qui avait choisi de s'en prendre à une enfant déjà brisée et fragile. Je me rends compte aujourd'hui que de cet homme là, rationnellement, je n'ai plus peur. Je le sais mort et incinéré. Mais mon inconscient lui, a toujours peur du monstre. Mon corps se souvient, mon âme souffre. Et je sais que peu importe le nombre de thérapies que je ferai, peu importe la vie qui se construit et le temps qui passe, je continuerai de cauchemarder et de me réveiller apeurée, comme si j'étais à nouveau confrontée à lui.

Mais voilà. Il n'a jamais été condamné. Donc il est mort innocent. Je ne serai donc jamais reconnue victime de lui.

En quoi ça aurait pu m'être utile ? Et bien à remettre les choses à leur place, et donc à faire que les choses soient claires pour chacun. Peut-être que j'aurais pu retrouver la confiance de mes frères, et donc sauvegarder les liens qui nous unissaient et même les rendre plus beaux, plus solides.

J'avais besoin de cette reconnaissance que je n'aurai jamais pour parvenir à faire le deuil de cette enfance qu'il m'a volée, de tout ce que j'aurais rêvé d'être et de faire si j'avais pu avoir une enfance normale.

Je suis condamnée à mourir avec les souvenirs et les séquelles. Je vais les porter jusqu'à mon dernier souffle. Lui, est mort innocent. Alors qu'il m'a tuée dans la salle de bain de notre appartement quand je n'avais pas encore cinq ans. Alors qu'il m'a infligé près de 14 années de viols, de coups, de violences psychologiques. Il aurait dû subir au moins quatorze années d'enfermement, de solitude, de privation, de honte.

Peu importe l'âge des coupables, parce que c'est ce qu'ils sont : des coupables. Peu importe en fait la peine qui leur est infligée tant qu'ils sont condamnés. Un coupable de 75 ans n'en est pas moins coupable. Même si sa perpétuité se résume à quelques mois, ou quelques années, peu importe. Mais l'Etat a le devoir de condamner fermement les pédocriminels. Ils sont nuisible à la société, ils sont nuisibles à l'enfance, à l'avenir.

Tu vois, je ne crie pas « vengeance ». Je réclame justice pour des actes barbares commis contre des enfants. Qu'est-ce que ça a de si extraordinaire, de si impossible, de si dangereux ?

Justice, simplement justice, pour que les personnes comme moi retrouvent une partie de leur dignité, de leur humanité, de leurs possibles.

———

Le « caractère incestueux ».

Je crois que tu as désormais compris de quoi je parle. Mais j'aimerais te dire encore ceci : le caractère incestueux des agressions sexuelles ou viols doit être pris en considération.

Parce que dans ces cas là, on parle en général de viols répétitifs, avec des violences associées, des privations, des tortures psychologiques...

Parce que ce sont les faits de personnes qui sont supposées protéger les enfants et les aider à se construire, à grandir.

Parce qu'il n'existe pas pire crime que de détruire la vie d'un enfant dont on est supposé prendre soin.

Alors non, les actes ne sont pas différents de ceux commis par des étrangers, mais le contexte et les conséquences, elles, le sont. Imagine bien de quoi il est question. Si ton enfant était violé par la personne qui partage ta vie au quotidien, une personne en qui tu as confiance, à qui tu confies ton enfant les yeux fermés... Si ton enfant était violé par son père ou sa mère, par la personne en qui tu crois le plus au monde ? Aurais-tu le sentiment que cet acte est réparable ? Aurais-tu le sentiment que ça finira pas ne plus être douloureux ?

Quand je regarde dans les yeux de ma mère, je lis toute la détresse d'une maman qui a été abusée par un monstre. Je lis toute la culpabilité de ne pas avoir su me protéger. Je lis toute la douleur et la détresse. Je lis la colère, l'amertume, la tristesse et le désarroi. Je sais qu'elle doit vivre avec ça. Je sais que, elle, sera toujours profondément meurtrie et qu'elle y pensera jusqu'à sa mort. Pourtant, si elle était responsable de mon avenir et de mon éducation, elle n'est pas coupable de ce que j'ai subi. Je fais clairement la différence entre responsabilité et culpabilité.

Comment parlerais-tu de ton enfance à ta mère en de telles circonstances ? Comment pourrais-tu seulement continuer de croire en elle ? Même les « bons » souvenirs, que valent-ils ?

Je l'ai fait. Je continue d'aimer ma mère et je l'ai pardonnée. Mais combien y parviennent ? Imagines-tu la douleur que cela représente de se voir privé de ce lien unique qui est celui d'un enfant avec sa mère ? Dans des circonstances aussi moches que douloureuses, inhumaines.

Toute ma vie, toute sa vie, quand je regarderai ma mère, je me demanderai ce qu'aurait été ma vie si seulement elle avait vu, compris, réagi.

Tu vois, c'est bien plus qu'une agression sur une personne, c'est une agression contre une famille, c'est la rupture de liens qui ne devraient pourtant jamais être souillés, abimés, torturés.

Considère aussi qu'il n'existe rien de pire pour un enfant que de devoir grandir dans un environnement où il n'est pas en sécurité, où son corps et sont esprit sont torturés, fracassés, humiliés. Parce que dans ces cas là, l'enfant n'a nulle part où se réfugier, il est chaque jour au contact de son agresseur, chaque jour dans l'angoisse de ce qu'il sait qui va se produire, immanquablement. Chaque jour est une épreuve, chaque nuit un cauchemar.

Je t'ai parlé de ces viols. Imagine que ça dure des années. Presque quotidiennement. Imagine que tu grandis en ne sachant d'abord pas ce qui t'arrive, que tu croies que tu as fait quelque-chose de mal et que c'est pour ça que tu es puni. Imagine que quand tu prends conscience de ce qui t'arrive, tu commences à avoir un tel dégoût de toi-même que tu n'as envie que d'une chose, te suicider. Imagine que malgré ça, tu as du mal à considérer la gravité de ce qui t'arrive, et que donc, tu n'imagines même pas être en droit de te défendre, d'appeler au secours et encore moins de porter plainte. Imagine que tu grandis comme ça, dans le mépris le plus total de ce que tu es : un enfant. Que tu n'aies aucun droit, aucune aide, aucune prise en charge. Imagine que tu deviens adulte sans avoir été enfant...

Imagine que tu es là, aujourd'hui, ta tronche te renvoie tes quarante-cinq balais au travers du miroir, mais tu te sens tellement pas toi, là, maintenant... Tu te sens un môme brisé, éparpillé. Tu te sens comme une ombre, un mirage de toi-même. Quelque-chose de pas fini, de même pas commencé d'ailleurs. Tu te regardes dans les yeux et tu ne te trouves pas. Tu ne trouves que cet enfant assassiné dans une salle de bain, une petite créature souillée et démolie, une marionnette qu'un monstre ventriloque a fait vivre pour faire croire au monde que tu étais en vie.

Imagine que quand tu regardes autour de toi, il n'y a plus de père, de frères, de racines. Il y a toi, qui ne te sens chez toi nulle part, qui cherche par tous les moyens à s'ancrer dans la réalité, mais que le cauchemar rattrape, tout le temps. Imagine que ta vie soit accrochée à un élastique qui te ramène toujours en arrière et te pousse à faire des efforts inimaginables pour avancer d'un pas lorsque les autres courent...

L'inceste, le viol à caractère incestueux, est le pire crime qui puisse exister. C'est nier la Vie, l'Humanité. C'est faire souffrir chaque jour, chaque nuit. C'est marquer le corps et l'esprit d'une manière indélébile, une blessure qui saigne éternellement.

J'ai 45 ans.

J'ai un mari exemplaire, 3 enfants merveilleux, un boulot idéal.

Depuis des mois, je lutte contre les idées suicidaires. Nous avons traversé des périodes difficiles humainement (le décès du père de mes fils, la dépression de mon fils aîné, des problèmes financiers et de santé ...). Et le passé a repointé le bout de son nez. Doucement au début.

Puis de plus en plus violemment. Je me lève la nuit pour m'assurer que ma fille dort paisiblement. Je vérifie que la porte est fermée à clé. Je fais le tour de l'appartement pour m'assurer que je suis bien chez moi maintenant, en 2016.

Je prends des médicaments pour dormir, pour supporter. Parce que je fais des crises de dépersonnalisation et de déréalisation qui sont récurrentes.

Le psychiatre me propose une hospitalisation, le temps de me reposer, le temps que ma famille se repose, qu'on ajuste le traitement...

Le psychiatre m'a expliqué que ça m'arrivera toute ma vie, plus ou moins violemment, à l'occasion d'un évènement douloureux ou traumatique.

Je vis enfermée chez moi depuis 3 semaines. Les autres me font peur.

J'ai 45 ans. Je n'avais pas 5 ans la première fois.

Il n'existe pas de prescription pour moi. Ni pour ma fille qui a fêté ses 6 ans en me regardant pleurer comme une enfant, me répétant « ne pleure pas Maman, je suis là, je m'occupe de toi »...

Je t'en supplie, toi, citoyen, électeur, candidat, journaliste, parent, frère, sœur... Je t'en supplie, ne nous oublie pas. Nous sommes 125 000 chaque année.

Stop Prescription !

Indigne-toi bordel !

Je pense que ces quelques pages t'ont maintenant amené à regarder la situation sous un autre angle. Un angle qui dérange, que tu aimerais sans doute ne pas avoir vu. A coup sûr, tu vas y penser, en rêver, en vomir peut-être un peu.

Mais on s'en fout de ça. Ce que je te demande, la seule chose que je te demande, finalement, c'est de t'indigner, de partager cette expérience. Prête le bouquin à ta famille, à tes voisins, à tes collègues. Ecris à ton maire, ton député, ton candidat aux présidentielles. Dénonce avec moi.

Réclame à la justice de ce pays de retirer tout délai de prescription concernant les agressions sexuelles sur mineurs. C'est fini le temps où la complaisance berçait les violeurs d'enfants, maintenant, il faut les dénoncer, les juger, les condamner, les empêcher de nuire.

Et enfin, regarde-moi autrement. Comprends quelle force m'anime pour être vivante malgré tout. Comprends que nous, ces 125 000 mômes par an, victimes de salopards criminels, nous sommes aussi dignes de confiance, d'estime, de respect et d'avenir que toi.

Comprends que c'est pas à moi d'avoir honte d'être la survivante d'un phénomène qui ne porte même pas de nom : un massacre de masse silencieux, à petit feu.

Non, c'est pas un holocauste, ni un génocide. Mais si l'on considère la barbarie et le nombre de victime, ça s'en rapproche non ? C'est d'une gravité qui devrait porter un nom. L'anéantissement délibéré et méthodique de l'Enfance, du beau, du pur, du sacré.

C'est ton problème parce que ça peut toucher l'un des tiens. Parce que je parle peut-être de toi aussi, parce que c'est la société dans laquelle on vit.

Indigne-toi et aide-nous à faire en sorte que la lutte contre la pédocriminalité soit mise sur la table des projets à défendre par tous les candidats aux élections présidentielles. Aide-nous à construire le débat, pour que chacun comprenne que nous ne voulons plus jamais entendre ces mots : « c'est trop tard »...

Aide-nous, parce que nous sommes toi, ton enfant, ton avenir.

Aide-nous, parce que tu fais partie de cette société. Une société qui ne condamne pas des violeurs d'enfants au motif d'un délai de prescription, que les victimes anéanties doivent respecter alors que personne ne respecte leur douleur, leurs traumatismes, leurs séquelles...

Dis-le avec moi, dis-le avec nous... Stop Prescription !